MANUEL

INDISPENSABLE

DE L'OUVRIER

DU DOMESTIQUE

DU MAITRE ET DE L'APPRENTI

CONTENANT

Des Notions sommaires sur le Louage d'Ouvrage
L'Apprentissage
Le Conseil des Prud'hommes, le Livret des Ouvriers
Le Livret des Domestiques
La Caisse des Retraites pour la Vieillesse
Les Cités ouvrières
L'Assistance judiciaire, etc.

PAR J.-G. JUTET
Avocat

PRIX : 65 CENTIMES

PARIS

CHEZ LES PRINCIPAUX LIBRAIRES | CHEZ L'AUTEUR RUE DES JEUNEURS, 23

1854

MANUEL

INDISPENSABLE

DE L'OUVRIER

PARIS. — IMP. SIMON RAÇON ET COMP., RUE D'ERFURTH, 1.

MANUEL

INDISPENSABLE

DE L'OUVRIER

DU DOMESTIQUE

DU

MAITRE ET DE L'APPRENTI

CONTENANT

DES NOTIONS SOMMAIRES SUR LE LOUAGE D'OUVRAGE, L'APPRENTISSAGE, LE CONSEIL DES PRUD'HOMMES, LE LIVRET DES OUVRIERS, LE LIVRET DES DOMESTIQUES, LA CAISSE DES RETRAITES POUR LA VIEILLESSE, LES CITÉS OUVRIÈRES, L'ASSISTANCE JUDICIAIRE, ETC.,

PAR J.-G. JUTET
Avocat

Se vend 65 centimes

PARIS

CHEZ LES PRINCIPAUX LIBRAIRES | CHEZ L'AUTEUR RUE DES JEUNEURS, 25.

1854

MANUEL

INDISPENSABLE

DE L'OUVRIER

DU LOUAGE D'OUVRAGE.

Du louage des domestiques et ouvriers; du payement des gages et salaires; compétence.

Le *louage d'ouvrage* est le contrat par lequel une personne s'engage à travailler pour une autre moyennant un prix convenu.

On ne peut engager ses services que pour un certain temps ou pour une entreprise déterminée, car l'engagement de consacrer sa vie entière au service d'autrui serait contraire à la liberté individuelle, qui est inaliénable.

La loi dit même que l'engagement d'un ouvrier ne pourra excéder un an, à moins qu'il ne soit contre-maitre, conducteur des autres ouvriers, ou qu'il n'ait un traitement et des conditions stipulées par un acte exprès (1).

Mais un maître pourrait valablement s'engager à garder un ouvrier tant qu'il vivra, ou tant que vivra cet ouvrier, car cette convention n'a rien de contraire à l'ordre public et ne porte aucune atteinte à la liberté naturelle des contractants.

Dans le louage d'ouvrage, la durée de l'engagement peut être déterminée soit par la convention, soit par la nature des travaux, soit par l'usage des lieux, et, dans ce cas, le maître ne peut renvoyer l'ouvrier, ni l'ouvrier quitter le maître sans motif légitime, sous peine de dommages-intérêts.

C'est ici le lieu d'ajouter que ceux qui servent ou travaillent habituellement chez autrui, et qui sont majeurs, ont le même domicile que la personne qu'ils servent ou chez laquelle ils travaillent, *lorsqu'ils demeurent avec elle dans la même maison.* — La femme mariée fait cependant exception à ce principe, et, bien qu'elle travaille et habite dans une maison étrangère, elle n'en conserve pas moins son domicile légal chez son mari, à la dépendance duquel elle reste nécessairement soumise par le mariage.

(1) Loi du 22 germinal an XI (12 avril 1803), art. 15.

Que le louage d'ouvrage ait une durée fixe ou qu'il n'en ait pas, il finit toujours par la mort de l'ouvrier, car c'est le plus ordinairement en considération de ses qualités personnelles que le maître l'a accepté. Il pourrait même finir par la mort du maître, s'il était démontré que la considération de sa personne a été, pour l'ouvrier, la cause principale de la convention.

Les conventions faites de bonne foi entre les ouvriers et ceux qui les emploient doivent être exécutées. Si elles sont écrites, l'écrit fera pleine foi; mais si elles ne le sont pas, et qu'il y ait contestation entre les parties, la loi veut que le juge s'en rapporte *à l'affirmation du maître*, tant sur le montant des gages que sur le payement du salaire de l'année échue, et sur les à-comptes donnés pour l'année courante; l'ouvrier n'est pas même admis à faire, par témoins, la preuve de ce qui lui est dû, la somme fût-elle inférieure à 150 fr. — Il est à regretter que cette disposition soit aussi absolue, et que le Code, au lieu de s'éloigner ici des moyens de preuve ordinaire, n'ait pas laissé au magistrat toute latitude de déférer le serment à celui qu'il jugerait le plus honorable. Pourquoi, en effet, exposer le salaire de l'ouvrier ou du domestique à être compromis par la mauvaise foi du maître? — La réformation d'une loi aussi étrangement sévère a été proposée et rejetée en 1848.

Les ouvriers et gens de travail n'ont du reste que six mois pour réclamer le payement de leurs journées, fournitures et salaires; en d'autres termes, leur action se *prescrit*, c'est-à-dire s'éteint par six mois.

Ainsi les actions des moissonneurs, laboureurs, hommes de peine, serruriers, menuisiers, maçons, charpentiers, et de tous les artisans qui travaillent, soit à tant *par jour*, soit à tant *par mois*, se prescrivent par six mois. Cette courte prescription s'applique même au contre-maître ou chef d'atelier payé à la journée ou au mois. Mais les entrepreneurs, serruriers, charpentiers, maçons et artisans quelconques, qui travaillent à forfait, aux pièces, ou à la tâche, n'y sont pas soumis, et leur action, n'étant limitée par aucun terme spécial, dure trente ans.

L'action des ouvriers et domestiques, qui se louent *à l'année*, se prescrit par un an.

Or, pourquoi le droit des gens de travail s'éteint-il ainsi après un certain temps?

C'est que la loi suppose qu'ils ne seraient pas restés six mois ou un an dans l'inaction, s'ils n'avaient pas été payés. D'ailleurs, ces sortes de dettes n'étant point, en général, constatées par écrit, on ne pouvait, par là même, exiger du débiteur qu'il rapportât une quittance qu'on n'est pas dans l'usage de lui délivrer (1).

Cependant la loi n'a pas laissé sans ressource le créancier auquel sont opposées les prescriptions de six mois ou d'un an, car elle lui permet de déférer le serment au débiteur qui les oppose, sur la question de savoir *si la chose a été réellement payée.* Le serment peut même être déféré à la veuve ou aux héritiers de ce débiteur pour qu'ils aient à déclarer *s'ils ne savent pas que la chose soit due.*

Il est du reste pour le créancier un moyen assez simple d'arrêter le cours de la prescription, c'est de citer en justice son débiteur, ou d'obtenir de lui une reconnaissance écrite de la dette, c'est-à-dire, soit un arrêté de compte, soit un acte sous seing privé, ou même une obligation devant notaire.

La loi accorde aux domestiques du débiteur, mais à eux seuls, le privilége d'être payés sur les meubles avant la plupart des autres créanciers, tant pour l'année échue que pour ce qui leur est

(1) La loi dispense ces sortes de quittances de l'enregistrement, dans le cas où, ayant été délivrées, elles sont produites en justice comme pièces justificatives de compte. (Proc., 537.)

dû sur l'année courante. Quant aux ouvriers proprement dits, ils ne jouissent de ce privilége que pour le salaire du mois qui a précédé la déclaration de faillite, si toutefois leur débiteur est un commerçant failli. (C. c., 549.)

Les contestations relatives aux engagements respectifs des gens de travail au jour, au mois ou à l'année, et de ceux qui les emploient; des maîtres et des domestiques ou gens de service à gages; des maîtres et de leurs ouvriers ou apprentis, doivent être portés devant le *juge de paix* (1), sans néanmoins qu'il soit dérogé aux lois et règlements relatifs à la juridiction des prud'hommes. (Voy. p. 28.) La procédure a lieu sans frais, sauf au Trésor public à en poursuivre plus tard le remboursement contre celle des parties qui aura été condamnée aux dépens.

Quant aux contestations d'une autre nature, qui peuvent survenir entre les maîtres et les domestiques, ou ouvriers, elles sont régies par le droit commun.

Des devis et des marchés, ou prix faits; des entrepreneurs d'ouvrage; de la main-d'œuvre.

Le *devis* est le mémoire détaillé des ouvrages à

(1) Loi des 25 mai-6 juin 1838, sur les justices de paix.

faire, de leur étendue, des matériaux à employer, avec indication du prix des matériaux et de la main-d'œuvre. En établissant ainsi quels seront les frais de l'entreprise, il fournit aux parties un moyen de traiter en pleine connaissance de cause.

Le *marché* est la convention même qui renferme les conditions auxquelles se soumettent l'entrepreneur qui s'engage à faire l'ouvrage, et celui pour lequel il le fait.

« Il ne faut pas confondre le louage des gens de travail avec le louage des entrepreneurs qui se chargent d'un ouvrage *moyennant un prix fait.* Dans le premier cas, l'ouvrier, louant son travail pour un certain temps, doit être payé en raison du temps qu'il a travaillé, quel que soit le sort ultérieur de l'ouvrage qu'il a fait; dans le second, au contraire, le prix étant stipulé, non plus en raison du temps, du travail fourni, mais à raison de l'ouvrage confectionné, le prix ne lui est pas dû si l'ouvrage commencé et même achevé, mais non encore agréé par le maître, périt par quelque cas fortuit (1). »

Lorsqu'on charge un ouvrier de faire un ouvrage, on peut convenir qu'il fournira tout à la

(1) Mourlon.

fois son travail et la matière, ou son travail seulement.

Si l'ouvrier fournit à la fois son travail et sa matière, il vend en quelque sorte la chose qu'il s'oblige à faire, et qui reste à ses risques jusqu'au moment où il est en état et offre d'en faire la livraison. Il suit de là que si la chose, quoique terminée, vient à périr, même par cas fortuit, *avant qu'elle ait été agréée par le maître,* la perte en est pour l'ouvrier.

Mais les risques seraient à la charge du maître, si celui-ci s'était refusé à vérifier l'ouvrage après avoir été mis en demeure de le faire. Il ne serait cependant pas obligé de payer le prix du travail, s'il prouvait que l'ouvrage qu'il a refusé de vérifier était défectueux.

Si l'ouvrier fournit son travail seulement, il ne répond de la perte de la chose qu'autant qu'elle a eu lieu par sa faute ou par celle des personnes qu'il emploie.

Mais, quoique la chose soit aux risques du maître auquel elle appartient, l'ouvrier souffre aussi du cas fortuit qui fait périr la matière avant qu'il ait achevé de la mettre en œuvre, ou l'objet confectionné avant que l'ouvrage ait été agréé; dans ce cas, en effet, et quoiqu'il ne soit pas en faute, il ne lui est dû aucun salaire, la perte se partage : elle est à la charge du maître pour la chose, et de l'ouvrier pour le travail, parce qu'ils sont demeurés propriétaires à part, l'un du travail et l'autre de la chose.

Il en serait autrement, et l'ouvrier aurait droit à son salaire dans les cas suivants : 1° s'il prouvait que la chose n'a péri que par le vice de la matière ; 2° si l'objet confectionné périssait sans sa faute *après* que le maître a été mis en demeure de vérifier l'ouvrage.

S'il s'agit d'un *forfait*, la vérification a lieu pour le tout, quand l'ouvrage est terminé ; mais, s'il s'agit d'un ouvrage à plusieurs pièces ou à la mesure, elle peut se faire par parties, et elle est censée faite pour toutes les parties payées, si le maître paye l'ouvrier en proportion de l'ouvrage fait.

Quand il s'agit d'une construction, la vérification ne suffit pas pour mettre à couvert l'architecte, ou l'entrepreneur. Ici, en effet, la seule inspection est insuffisante pour vérifier si l'ouvrage a été convenablement fait, et l'épreuve du temps est nécessaire pour s'assurer de la solidité de l'édifice; aussi les architectes et les entrepreneurs sont-ils responsables, *pendant dix ans*, à compter de la réception de leurs travaux, ou du jour o le propriétaire a été mis en demeure de les vérifier.

Lorsqu'un architecte ou un entrepreneur s'est chargé à forfait de la construction d'un bâtiment, d'après un plan arrêté et convenu avec le propriétaire du sol, il ne peut demander aucune augmentation de prix, ni sous le prétexte de l'augmentation de la main-d'œuvre ou des matériaux, ni sous celui de changements ou d'augmentations faits sur ce plan, si ces changements ou augmentations n'ont pas été autorisés par écrit, et le prix convenu avec le propriétaire.

Le maître peut résilier, par sa seule volonté, le marché à forfait, quoique l'ouvrage soit déjà commencé, en dédommageant l'entrepreneur de toutes ses dépenses, de tous ses travaux, et de tout ce qu'il aurait pu gagner dans cette entreprise.

Le contrat de louage d'ouvrage est dissous par la mort de l'entrepreneur; mais il ne le serait point par sa faillite. (Arrêt de la cour de Caen, du 20 février 1827.)

Quand le contrat est dissout par la mort des entrepreneurs, le propriétaire est tenu de payer en proportion du prix porté par la convention, à leur succession, la valeur des ouvrages faits et celle des matériaux préparés, lors seulement que ces travaux ou ces matériaux peuvent lui être utiles.

L'entrepreneur répond du fait des personnes qu'il emploie.

Les maçons, charpentiers et autres ouvriers qui ont été employés par un entrepreneur à une construction quelconque, n'ont pas d'action de leur chef contre celui pour lequel l'ouvrage a été fait, car ce dernier n'a traité qu'avec l'entrepreneur, et non avec eux; mais ils peuvent exercer les droits de l'entrepreneur, si celui-ci refuse de les payer, sans toutefois pouvoir demander au propriétaire plus qu'il ne doit encore à l'entrepreneur.

Il est évident que les maçons, charpentiers, serruriers, et autres ouvriers qui font directement des marchés à prix fait, sont de véritables entrepreneurs et, comme tels, se trouvent assujettis aux mêmes règles.

Pour être payés par privilége sur l'objet de leur travail, les architectes, entrepreneurs, maçons et autres ouvriers employés pour édifier, reconstruire ou réparer des bâtiments, devront, avant de commencer les travaux, faire constater l'état des lieux et déterminer les ouvrages que le propriétaire a dessein de faire, par un expert nommé d'office par le tribunal civil de la situation des bâtiments.

Il faudra en outre que, dans les six mois au

— · —

plus de leur perfection, les travaux soient reçus par un expert également nommé d'office.

Toutefois le privilége ne peut excéder les valeurs constatées par le second procès-verbal; il se réduit à la plus-value existante au moment de l'aliénation de l'immeuble et résultant des travaux qui y ont été faits.

Pareil privilége est accordé par la loi aux ouvriers qui ont fait, soit des travaux de défrichement (16 septembre 1807, art. 23), soit des travaux de recherches de mines (20 avril 1810).

Un mot encore sur la main-d'œuvre :

Il peut se faire qu'un artisan ou une personne quelconque ait employé une matière qui ne lui appartenait pas à former une chose d'une nouvelle espèce; un fondeur, par exemple, peut couler un vase avec le bronze qu'on m'avait volé, un tailleur confectionner un habit avec le drap que j'avais perdu. Qu'arrivera-t-il? que l'habit aussi bien que le vase m'appartiendront et pourront être revendiqués par moi, pourvu que j'en paye la façon; car, soit que la matière puisse ou non reprendre sa première forme, celui qui en était le propriétaire a le droit de réclamer la chose qui en a été formée, en remboursant le prix de la main-d'œuvre.

Si cependant la main-d'œuvre était tellement importante qu'elle surpassât de beaucoup la valeur de la matière employée, l'industrie serait alors réputée partie principale, et l'ouvrier aurait le droit de retenir la chose travaillée, en remboursant le prix de la matière au propriétaire. C'est ainsi qu'un sculpteur resterait maître de la statue, en remboursant au propriétaire le prix du marbre; qu'un artiste resterait maître du tableau, en remboursant pareillement le prix de la toile et des couleurs.

Enfin, lorsqu'une personne a employé en partie la matière qui lui appartenait et en partie celle qui ne lui appartenait pas, à former une chose d'une espèce nouvelle, sans que ni l'une ni l'autre des deux matières soit entièrement détruite, mais de manière qu'elles ne puissent pas se séparer sans inconvénient, la chose est commune aux deux propriétaires, en raison, quant à l'un, de la matière qui lui appartenait; quant à l'autre, en raison à la fois et de la matière qui lui appartenait et du prix de sa main-d'œuvre. Exemples : un menuisier qui aurait fabriqué un meuble, en partie avec son acajou, en partie avec l'acajou d'autrui; un entrepreneur qui aurait bâti pour moitié avec les matériaux d'un autre.

Il va sans dire que celui qui a employé ainsi des matières appartenant à d'autres, et à leur insu, peut être condamné à des dommages et intérêts, s'il y a lieu, et même être poursuivi par la voie criminelle, s'il y a eu vol des matières employées.

DE L'APPRENTISSAGE.

LOI DES 22 FÉVRIER-4 MARS 1851.

TITRE Ier.

DU CONTRAT D'APPRENTISSAGE.

SECTION Ire.

De la nature et de la forme du contrat.

1. Le contrat d'apprentissage est celui par lequel un fabricant, un chef d'atelier ou un ouvrier s'oblige à enseigner la pratique de sa profession à une autre personne, qui s'oblige, en retour, à travailler pour lui ; le tout à des conditions et pendant un temps convenus.

2. Le contrat d'apprentissage est fait par acte public ou par acte sous seing privé. — Il peut aussi être fait verbalement. (1) — Les notaires, les

(1) Mais alors on ne peut en faire la preuve par témoins qu'autant que l'intérêt des parties n'est pas supérieur à 150 francs.

secrétaires des conseils de prud'hommes et les greffiers de justice de paix peuvent recevoir l'acte d'apprentissage. — Cet acte est soumis pour l'enregistrement au droit fixe d'un franc, lors même qu'il contiendrait des obligations de sommes ou valeurs mobilières, ou des quittances. — Les honoraires dus aux officiers publics sont fixés à *deux francs*.

3. L'acte d'apprentissage contiendra, 1° les nom, prénoms, âge, profession et domicile du maître; 2° les nom, prénoms, âge et domicile de l'apprenti; 3° les noms, prénoms, professions et domicile de ses père et mère, de son tuteur, ou de la personne autorisée par les parents, et, à leur défaut, par le juge de paix; 4° la date et la durée du contrat; 5° les conditions de logement, de nourriture, de prix, et toutes autres arrêtées entre les parties. — Il devra être signé par le maître et par les représentants de l'apprenti.

SECTION II.

Des conditions du contrat.

4. Nul ne peut recevoir des apprentis mineurs, s'il n'est âgé de vingt et un ans au moins.

5. Aucun maître, s'il est célibataire ou en état

de veuvage, ne peut loger comme apprenties des jeunes filles mineures.

6. Sont incapables de recevoir des apprentis : — les individus qui ont subi une condamnation pour crime ; — ceux qui ont été condamnés pour attentat aux mœurs ; ceux qui ont été condamnés à plus de trois mois d'emprisonnement pour les délits prévus par les art. 388, 401, 405, 406, 407, 408, 423 du code pénal.

7. L'incapacité résultant de l'art. 6 pourra être levée par le préfet, sur l'avis du maire, quand le condamné, après l'expiration de sa peine, aura résidé pendant trois ans dans la même commune. — A Paris, les incapacités seront levées par le préfet de police.

SECTION III.

Devoirs des maîtres et des apprentis.

8. Le maître doit se conduire envers l'apprenti en bon père de famille, surveiller sa conduite et ses mœurs, soit dans la maison, soit au dehors, et avertir ses parents ou leurs représentants des fautes graves qu'il pourrait commettre ou des penchants vicieux qu'il pourrait manifester. — Il doit aussi les prévenir, sans retard, en cas de maladie,

d'absence, ou de tout fait de nature à motiver leur intervention. — Il n'emploiera l'apprenti, sauf conventions contraires, qu'aux travaux et services qui se rattachent à l'exercice de sa profession. Il ne l'emploiera jamais à ceux qui seraient insalubres ou au-dessus de ses forces.

9. La durée du travail effectif des apprentis âgés de moins de quatorze ans ne pourra dépasser dix heures par jour. — Pour les apprentis âgés de quatorze à seize ans, elle ne pourra dépasser douze heures. — Aucun travail de nuit ne peut être imposé aux apprentis âgés de moins de seize ans. — Est considéré comme travail de nuit tout travail fait entre neuf heures du soir et cinq heures du matin. — Les dimanches et jours de fêtes reconnues ou légales (1), les apprentis, dans aucun cas, ne peuvent être tenus, vis-à-vis de leur maître, à aucun travail de leur profession. — Dans le cas où l'apprenti serait obligé, par suite des conventions ou conformément à l'usage, de ranger l'atelier aux jours ci-dessus marqués, ce travail ne pourra se prolonger au delà de dix heures du matin. — Il ne pourra être dérogé aux dispositions

(1) Les fêtes légales ou chômées sont la Toussaint, la Noël, l'Ascension et l'Assomption.

contenues dans les trois premiers paragraphes du présent article que par un arrêté rendu par le préfet, sur l'avis du maire.

10. Si l'apprenti, âgé de moins de seize ans, ne sait pas lire, écrire ou compter, ou s'il n'a pas encore terminé sa première éducation religieuse, le maître est tenu de lui laisser prendre, sur la journée de travail, le temps et la liberté nécessaires pour son instruction. — Néanmoins, ce temps ne pourra pas excéder deux heures par jour.

11. L'apprenti doit à son maître fidélité, obéissance et respect; il doit l'aider, par son travail, dans la mesure de son aptitude et de ses forces.— Il est tenu de remplacer, à la fin de l'apprentissage, le temps qu'il n'a pu employer par suite de maladie ou d'absence ayant duré plus de quinze jours.

12. Le maître doit enseigner à l'apprenti, progressivement et complétement, l'art, le métier ou la profession spéciale qui fait l'objet du contrat. — Il lui délivrera, à la fin de l'apprentissage, un congé d'acquit, ou certificat, constatant l'exécution du contrat.

13. Tout fabricant, chef d'atelier ou ouvrier, convaincu d'avoir détourné un apprenti de chez son maître, pour l'employer en qualité d'apprenti

ou d'ouvrier, pourra être passible de tout ou partie de l'indemnité à prononcer au profit du maître abandonné.

SECTION IV.

De la résolution du contrat.

14. Les deux premiers mois de l'apprentissage sont considérés comme un temps d'essai pendant lequel le contrat peut être annulé par la seule volonté de l'une des parties. Dans ce cas, aucune indemnité ne sera allouée à l'une ou à l'autre des parties, à moins de conventions expresses.

15. Le contrat d'apprentissage sera résolu de plein droit : — 1° par la mort du maître ou de l'apprenti ; — 2° si l'apprenti ou le maître est appelé au service militaire ; — 3° si le maître ou l'apprenti vient à être frappé d'une des condamnations prévues en l'article 6 de la présente loi ; — 4° pour les filles mineures, dans le cas de décès de l'épouse du maître, ou de toute autre femme qui dirigeait la maison à l'époque du contrat.

16. Le contrat peut être résolu sur la demande des parties ou de l'une d'elles : — 1° dans le cas où l'une des parties manquerait aux stipulations

du contrat ; — 2° pour cause d'infraction grave ou habituelle aux prescriptions de la présente loi; — 3° dans le cas d'inconduite habituelle de la part de l'apprenti ; — 4° si le maître transporte sa résidence dans une autre commune que celle qu'il habitait lors de la convention. — Néanmoins, la demande en résolution de contrat fondée sur ce motif ne sera recevable que pendant trois mois, à compter du jour où le maître aura changé de résidence ; — 5° si le maître ou l'apprenti encourait une condamnation emportant un emprisonnement de plus d'un mois ; — 6° dans le cas ou l'apprenti viendrait à contracter mariage.

17. Si le temps convenu pour la durée de l'apprentissage dépasse le maximum de durée consacré par les usages locaux, ce temps peut être réduit ou le contrat résolu.

TITRE II.

DE LA COMPÉTENCE.

18. Toute demande à fin d'exécution ou de résolution de contrat sera jugée par le conseil des prud'hommes dont le maître est justiciable, et, à

défaut, par le juge de paix du canton. — Les réclamations qui pouraient être dirigées contre les tiers, en vertu de l'article 13 de la présente loi, seront portées devant le conseil des prud'hommes ou devant le juge de paix du lieu de leur domicile.

19. Dans les divers cas de résolution prévus en la section IV du titre Ier, les indemnités ou les restitutions qui pourraient être dues à l'une ou à l'autre des parties seront, à défaut de stipulations expresses, réglées par le conseil des prud'hommes, ou par le juge de paix dans les cantons qui ne ressortissent point à la juridiction d'un conseil de prud'hommes.

20. Toute contravention aux articles 4, 5, 6, 9 et 10 de la présente loi sera poursuivie devant le tribunal de police et punie d'une amende de 5 à 15 francs. — Pour les contraventions aux articles 4, 5, 9 et 10, le tribunal de police pourra, dans le cas de récidive, prononcer, outre l'amende, un emprisonnement de 1 à 5 jours. — En cas de récidive, la contravention à l'article 6 sera poursuivie devant les tribunax correctionnels, et punie d'un emprisonnement de 15 jours à 3 mois, sans préjudice d'une amende qui pourra s'élever de 50 francs à 300 francs.

21. Les dispositions de l'article 463 du Code

pénal sont applicables aux faits prévus par la présente loi.

22. Sont abrogés les articles 9, 10 et 11 de la loi du 22 germinal an XI.

DU CONSEIL DES PRUD'HOMMES.

Composition et attributions du conseil ; procédure.

« Napoléon, en disant que l'industrie était une nouvelle propriété, exprimait d'un seul mot son importance et sa nature. L'esprit de propriété est par lui-même envahissant et exclusif. La propriété du sol avait eu ses vassaux et ses serfs. La Révolution affranchit la terre ; mais la nouvelle propriété de l'industrie, s'agrandissant journellement, tendait à passer par les mêmes phases que la première, et à avoir, comme elle, ses vassaux et ses serfs. Napoléon prévit cette tendance inhérente à tout système dont les progrès sont des conquêtes ; et, tout en protégeant les maîtres des établissements industriels, il n'oublia pas aussi le droit des ouvriers. Il établit à Lyon, et plus tard dans d'autres villes manufacturières, un conseil de prud'hommes, véritables juges de paix de l'industrie, chargés de régler les différends entre ceux qui travaillent et ceux qui font travailler. » (*Idées napoléoniennes.*)

Les conseils de prud'hommes ont donc été institués pour terminer promptement et sans frais les petites contestations qui s'élèvent journellement, soit entre des fabricants et des ouvriers, soit entre des chefs d'atelier et des compagnons ou apprentis.

Les fonctions de prud'homme exigent des connaissances que les fabricants et les ouvriers peuvent seuls réunir. En conséquence, les conseils de prud'hommes sont composés moitié de patrons, moitié d'ouvriers, dont le nombre, au minimum de six, varie suivant les besoins des localités.

Voyons maintenant comment les choses se passent devant la juridiction des prud'hommes.

Chaque conseil de prud'hommes se divise en petit et en grand conseil.

Le petit conseil, composé de deux membres seulement, l'un patron et l'autre ouvrier, n'est qu'une sorte de bureau de conciliation, chargé du soin de terminer, autant que possible, les contestations par voie amiable. Les parties doivent s'y présenter en personne, et, si le bureau ne peut les mettre d'accord, il les renvoie devant le conseil proprement dit, qui doit être composé au moins de deux patrons et de deux ouvriers.

La procédure est du reste fort économique. Les parties comparaissent sur une simple lettre du secrétaire, ou, sinon, sont *citées* par le ministère d'un huissier attaché au conseil. Elles sont dispensées, tant devant le conseil qu'en appel ou devant la cour de cassation, des frais de timbre et d'enregistrement; mais celle qui succombe est condamnée aux dépens envers le Trésor. (L. du 7 août 1850.)

Les jugements du conseil des prud'hommes sont définitifs et sans appel, si le chiffre de la demande n'excède pas 200 francs. Au-dessus de 200 francs, ils sont sujets à l'appel devant le tribunal de commerce de l'arrondissement, et, à défaut du tribunal de commerce, devant le tribunal civil de première instance. — Lorsque le chiffre de la demande excède 200 francs, le jugement de condamnation peut ordonner l'exécution provisoire sans caution, jusqu'à concurrence de cette somme, et avec caution pour le surplus.

Les jugements des conseils de prud'hommes sont signés par le président et par le secrétaire.

Les jugements par défaut non exécutés dans les six mois sont réputés non avenus. (Loi du 1er-4 juin 1853.)

« Les prud'hommes ont aussi des attributions en matière de police. Ils peuvent prononcer un emprisonnement qui n'excédera pas trois jours, pour tout délit tendant à troubler l'ordre et la discipline de l'atelier, pour tout manquement grave des apprentis envers leur maître (1). »

Ils sont, en outre, appelés à constater les contraventions aux lois et règlements ; ils sont chargés des mesures conservatrices de la propriété des dessins. Ils font dans les ateliers des inspections dont l'objet unique est de constater le nombre des métiers existant et celui des ouvriers employés dans la fabrique ; en aucun cas, ils ne peuvent en profiter pour exiger la communication des livres d'affaires et des procédés nouveaux de fabrication qu'on voudrait tenir secrets.

L'industrie parisienne possède une assez grande variété de conseils de prud'hommes ; leur juridiction s'étend à toutes les manufactures, fabriques, industries situées dans le ressort du tribunal de commerce de la Seine, quel que soit du reste le domicile ou la résidence des ouvriers qui y travaillent.

(1) Voyez Bravard, *Droit commercial*

Élections des conseils de prud'hommes; électeurs et éligibles (1).

Les membres des conseils de prud'hommes sont élus par les patrons, chefs d'atelier, contre-maîtres et ouvriers appartenant aux industries dénommées dans les décrets d'institution, et suivant les conditions déterminées ci-après.

Les présidents et les vice-présidents des conseils de prud'hommes sont nommés par l'Empereur. Ils peuvent être pris en dehors des éligibles. Leurs fonctions durent trois années. Ils peuvent être nommés de nouveau. — Les secrétaires des mêmes conseils sont nommés et révoqués par le préfet sur la proposition du président.

Sont électeurs : 1° les patrons âgés de vingt-cinq ans accomplis et patentés depuis cinq années au moins et depuis trois ans dans la circonscription du conseil; 2° les chefs d'atelier, contre-maîtres et ouvriers, âgés de vingt-cinq ans accomplis, exerçant leur industrie depuis cinq ans au moins, et domiciliés depuis trois ans dans la circonscription du conseil.

Sont éligibles les électeurs âgés de trente ans accomplis et sachant lire et écrire.

(1) Extrait de la loi des 1er-4 juin 1853.

Ne peuvent être éligibles, ni électeurs, les étrangers ni aucun des individus désignés dans l'article 15 de la loi du 2 février 1852, sur les élections.

Dans chaque commune de la circonscription, le maire, assisté de deux assesseurs qu'il choisit, l'un parmi les électeurs patrons, l'autre parmi les électeurs ouvriers, inscrit les électeurs sur un tableau qu'il adresse au préfet. — La liste électorale est dressée et arrêtée par le préfet.

En cas de réclamation, le recours est ouvert devant le conseil de préfecture ou devant les tribunaux civils, suivant les distinctions établies par la loi sur les élections municipales.

Les patrons, réunis en assemblée particulière, nomment directement les prud'hommes patrons. — Les contre-maîtres, chefs d'atelier et les ouvriers, également réunis en assemblées particulières, nomment les prud'hommes ouvriers en nombre égal à celui des patrons. — Au premier tour de scrutin, la majorité absolue des suffrages est nécessaire, la majorité relative suffit au second tour.

Les conseils de prud'hommes sont renouvelés par moitié tous les trois ans. Le sort désigne ceux des prud'hommes qui sont remplacés la première fois. — Les prud'hommes sont rééligibles. — Lorsque, par un motif quelconque, il y a lieu de procéder au remplacement d'un ou plusieurs membres d'un conseil de prud'hommes, le préfet convoque les électeurs. — Tout membre élu en remplacement d'un autre ne demeure en fonction que pendant la durée du mandat confié à son prédécesseur.

Le bureau général est composé, indépendamment du président et du vice-président, d'un nombre égal de prud'hommes patrons et de prud'hommes ouvriers. Ce nombre est au moins de deux prud'hommes patrons et de deux prud'hommes ouvriers, quel que soit celui des membres dont se compose le conseil.

Les conseils de prud'hommes peuvent être dissous par un décret de l'Empereur, sur la proposition du ministre compétent.

DU LIVRET DES OUVRIERS.

Nul maître ne peut, sous peine de dommages-intérêts, recevoir un ouvrier, s'il n'est porteur d'un livret portant le certificat d'acquit de ses engagements, délivré par celui de chez qui il sort.

Cette disposition est applicable aux maîtres, même d'une autre profession que celle qu'aurait exercée l'ouvrier jusque-là.

Le livret est un *petit livre*, en papier non timbré, contenant le nom et les prénoms de l'ouvrier, son âge, le lieu de sa naissance, son signalement, la désignation de sa profession, et le nom du maître chez lequel il travaille. Il est coté et paraphé sans frais, savoir : dans les grandes villes par un commissaire de police, et dans les autres par le maire ou l'un de ses adjoints.

L'ouvrier, comme on va le voir, est tenu de

faire viser son dernier congé et de faire indiquer le lieu où il se propose de se rendre. Le livret est donc, pour le travailleur, une espèce de passe-port intime ayant pour objet de constater et de régulariser ses divers déplacements. Il est, avant tout, une mesure d'ordre public, et tout ouvrier qui voyagerait sans être muni d'un livret dûment visé serait réputé vagabond, et pourrait être arrêté et puni comme tel, à moins toutefois qu'il ne fût porteur d'un passe-port ou d'autres papiers de sûreté réguliers, ou qu'il ne justifiât de ses moyens de subsistance et de l'exercice de sa profession.

Cependant, et malgré les termes absolus de la loi, il existe un certain nombre de professions qui ont constamment refusé de se pourvoir du livret; elles en donnent pour raison que leurs habitudes se concilient difficilement avec son usage, et que l'application rigoureuse de la loi n'aboutirait qu'à entraver et compromettre assez sérieusement leurs intérêts. Cette résistance, toute relative du reste, est formellement condamnée par la loi du 22 juin 1854, qu'on trouvera ci-après.

Des formalités à remplir pour se procurer un livret (1).

Le premier livret d'un ouvrier lui est expédié : 1° sur la présentation de son acquit d'apprentissage ; 2° ou sur la demande de la personne chez laquelle il a travaillé ; 3° ou enfin sur l'affirmation de deux citoyens patentés de sa profession et domiciliés, portant que le pétitionnaire est libre de tout engagement, soit pour raison d'apprentissage, soit pour raison d'obligation de travailler comme ouvrier.

Lorsqu'un ouvrier voudra faire coter et parapher un nouveau livret, il représentera l'ancien. Le nouveau livret ne sera délivré qu'après qu'il aura été vérifié que l'ancien est rempli ou hors d'état de servir.

Si le livret de l'ouvrier était perdu, il pourra, sur la représentation de son passe-port en règle, obtenir la permission provisoire de travailler, mais sans pouvoir être autorisé à aller dans un autre lieu ; et à la charge de donner à l'officier de police du lieu la preuve qu'il est libre de tout engagement, et tous les renseignements nécessaires pour

(1) Extrait de l'arrêté du gouvernement du 9 frimaire an XII (1er décembre 1803).

autoriser la délivrance d'un nouveau livret, sans lequel il ne pourra partir.

De l'inscription des congés sur le livret, et des obligations imposées à cet égard aux ouvriers et à ceux qui les emploient (1); avances et retenues; compétence.

Tout manufacturier, entrepreneur, et généralement toutes personnes employant des ouvriers, seront tenus, quand ces ouvriers sortiront de chez eux, d'inscrire sur leurs livrets un congé portant acquit de leurs engagements, s'ils les ont remplis. Et si celui pour lequel l'ouvrier a travaillé ne sait ou ne peut écrire, ou s'il est décédé, le congé sera délivré, après vérification, par le commissaire de police, le maire du lieu ou l'un de ses adjoints, et sans frais.

Les congés seront inscrits sans lacune, à la suite les uns des autres; ils énonceront le jour de la sortie de l'ouvrier.

L'ouvrier sera pareillement tenu de faire inscrire le jour de son entrée sur son livret, par le maître chez lequel il se propose de travailler, ou, à son défaut, par les fonctionnaires publics désignés plus haut, et sans frais; il sera tenu, en outre, de dé-

(1) Extrait de l'arrêté précité et de la loi des 14-21 mai 1851.

poser le livret entre les mains de son maître, si celui-ci l'exige.

Examinons maintenant les modifications nouvelles apportées aux anciens usages :

Quand l'ouvrier a terminé et livré l'ouvrage qu'il s'était engagé à faire pour le patron; quand il a travaillé pour celui-ci pendant le temps réglé, soit par le contrat de louage, soit par l'usage des lieux; ou quand le patron lui refuse de l'ouvrage ou son salaire, il a le droit d'exiger la remise de son livret et la délivrance de son congé, *lors même qu'il n'a pas acquitté les avances qu'il a reçues.*

De son côté, le patron qui exécute les conventions arrêtées entre lui et l'ouvrier a le droit de *retenir le livret* de celui-ci jusqu'à ce que le travail, objet de ces conventions, soit terminé et livré, à moins que l'ouvrier, pour des causes indépendantes de sa volonté, ne se trouve dans l'impossibilité de travailler ou de remplir les conditions de son contrat.

Les avances faites par le patron à l'ouvrier ne peuvent être inscrites sur le livret de celui-ci et ne sont remboursables, au moyen de la retenue, que jusqu'à concurrence de trente francs.

La retenue ne peut excéder le *dixième* du salaire journalier de l'ouvrier.

Mais par qui seront jugées les contestations qui pourraient s'élever relativement à la délivrance des congés ou à la rétention des livrets? par les conseils de prud'hommes, et, dans les lieux où ces tribunaux ne sont pas établis, par les juges de paix. Ces derniers, dans ce cas, prononcent, les parties présentes ou appelées par voie de simple avertissement. Leur décision est exécutoire sur minute et sans aucun délai.

Du visa des livrets.

Quand un ouvrier sort d'une manufacture, d'une fabrique, d'un atelier ou d'une boutique, il doit faire viser son livret par le commissaire de police du quartier, et, à son défaut, par le maire ou l'adjoint de la commune.

A Paris, tout ouvrier qui désire voyager est tenu de faire viser son dernier congé, ou congé de départ, à la Préfecture de police, bureau des Passeports, section des Livrets; et, dans les communes rurales, par le maire ou l'adjoint. — Les permis délivrés par les maires et les adjoints doivent être immédiatement visés à la Préfecture de police.

Du reste toutes les formalités à remplir pour la régularisation des congés sont ordinairement indiquées sur les livrets.

Une ordonnance de police en date, à Paris, du 1er avril 1831, contient, entre autres dispositions, celles qui suivent :

« Tout ouvrier, de quelque état qu'il soit, qui viendra travailler dans le ressort de la Préfecture de police, est tenu, indépendamment des formalités exigées par les lois et règlements concernant les passe-ports, de se présenter dans les *trois jours* de son arrivée à la Préfecture de police, bureau des Passe-ports (section des Livrets), et dans les communes rurales devant le maire ou l'adjoint, à l'effet d'obtenir un livret ou de faire viser celui dont il est porteur.

« L'ouvrier étranger à la ville de Paris et n'ayant pas de livret s'en procurera sur un certificat du commissaire de police, délivré sur l'attestation de deux témoins qui constateront son identité et sa position.

« Il sera payé par chaque ouvrier la somme de *vingt-cinq centimes*, prix du coût de son livret.

« Tout manufacturier, fabricant, entrepreneur, ou toute autre personne, sera tenu, avant de recevoir un ouvrier ou garçon, de se faire remettre son livret. Il aura soin d'y inscrire le jour de son entrée, et de le faire viser dans les vingt-quatre heures par le commissaire de police de son quartier, » et, dans les communes rurales où il n'y a pas de commissaire, par le maire ou l'un de ses adjoints.

Disposition spéciale aux membres des sociétés de secours mutuels.

Un décret du 5 janvier 1853 déclare que les *diplômes* délivrés aux membres des sociétés de secours mutuels pourront leur tenir lieu de livret et de passe-port.

Ainsi l'ouvrier sociétaire qui voudra voyager n'aura qu'à faire viser sans frais son diplôme, à Paris par le préfet de police, ailleurs par le maire. — S'il est membre de plusieurs associations semblables, il ne peut faire viser qu'un seul diplôme comme passe-port.

La signature du président et le timbre de la société, apposés sur le diplôme, doivent être renouvelés tous les deux ans, sous peine de nullité du diplôme comme passe-port. Et dans le cas d'exclusion ou de sortie volontaire de la société, le diplôme doit être remis au bureau et annulé.

Appendice au livret des ouvriers.

En vertu de la loi du 22 juin 1854, tout ce que je viens de dire sur le livret des ouvriers se trou-

sera modifié, *à partir du 1er janvier* 1855, de la manière suivante :

Les ouvriers *de l'un et de l'autre sexe* attachés aux manufactures, fabriques, usines, mines, minières, carrières, chantiers, ateliers et autres établissements industriels, ou *travaillant chez eux pour un ou plusieurs patrons*, seront tenus de se munir d'un livret.

Les livrets seront délivrés par les maires. Ils seront délivrés par le préfet de police, à Paris, et par le préfet du Rhône, à Lyon.

Les chefs d'établissement devront, comme par le passé, inscrire sur le livret de l'ouvrier la date de son entrée chez eux. Mais ils seront en outre tenus d'avoir un registre non timbré où ils inscriront les nom et prénoms de l'ouvrier, le nom et le domicile du chef de l'établissement qui l'aura employé précédemment et le montant des avances dont l'ouvrier serait resté débiteur envers celui-ci.

A la sortie de l'ouvrier, ils pourront inscrire sur son livret le montant des avances dont il resterait débiteur envers eux, dans les limites fixées par la loi du 14 mai 1851. (Voy. plus haut page 39.)

Quand l'ouvrier travaillera habituellement pour plusieurs patrons, chaque patron inscrira sur le livret le jour où il lui confiera de l'ouvrage, et transcrira sur le registre dont j'ai parlé les nom et prénoms de l'ouvrier et son domicile.

Lorsqu'il cessera d'employer l'ouvrier, il inscrira sur le livret l'acquit des engagements, *sans aucune autre énonciation*.

Le livret, après avoir reçu les mentions prescrites, sera remis à l'ouvrier et restera entre ses mains.

Dans tous les cas, il ne sera fait sur le livret *aucune mention favorable ou défavorable* à l'ouvrier.

Le livret visé gratuitement par le maire de la commune où travaillera l'ouvrier, à Paris et dans le ressort de la Préfecture par le préfet de police, à Lyon par le préfet du Rhône, tiendra lieu de passe-port à l'intérieur, sous les conditions déterminées par les règlements administratifs.

Les contraventions aux dispositions qui précèdent pourront être poursuivies devant le tribunal de simple police et punies, suivant les circonstances, soit de l'amende, soit de la prison, sans préjudice des dommages-intérêts, s'il y a lieu.

La loi du 22 juin 1854 se termine par les dispositions pénales suivantes :

« Tout individu coupable d'avoir fabriqué un faux livret, ou falsifié un livret originairement véritable, ou fait sciemment usage d'un livret faux ou falsifié, sera puni d'un emprisonnement d'une année au moins et de cinq ans au plus.

« Tout ouvrier coupable de s'être fait délivrer un livret soit sous un faux nom, soit au moyen de fausses déclarations ou de faux certificats, ou d'avoir fait usage d'un livret qui ne lui appartient pas, sera puni d'un emprisonnement de trois mois à un an.

« Aucun ouvrier soumis à l'obligation du livret ne sera inscrit sur les listes électorales pour la formation des conseils de prud'hommes, s'il n'est pourvu d'un livret. »

DU LIVRET DES DOMESTIQUES, A PARIS.

Une ordonnance de police, en date du 1er août 1853, a étendu l'obligation du livret aux domestiques en service dans la ville de Paris. En voici le texte :

« Nous, préfet de police,

« Vu l'arrêté des consuls du 12 messidor an VIII ;

« Vu le decret impérial du 3 octobre 1810 qui réglemente la profession de domestique dans la ville de Paris ;

« Considérant que depuis longtemps ce décret ne reçoit plus qu'une exécution insuffisante, et qu'il résulte de l'inobservation des sages mesures qu'il avait prescrites des abus qui compromettent à la fois l'ordre public, la sécurité des familles et l'intérêt des domestiques,

« Ordonnons ce qui suit :

« Article 1er. — Tous les individus de l'un ou de l'autre sexe qui sont actuellement ou qui voudront se mettre en service dans la ville de Paris seront tenus, dans un délai de trois mois, de se munir d'un bulletin d'inscription ou livret, à peine d'une détention qui ne pourra excéder trois mois ni être moindre de huit jours.

« Ce livret comprendra les noms, prénoms, âge, lieu de naissance de l'impétrant, ainsi que son signalement et son état civil. (Art. 1er du décret de 1810.)

« Art. 2. — Le livret sera délivré à la préfecture de police, sur la production de documents propres à établir l'identité de l'impétrant, et sur le vu d'un certificat délivré par le commissaire de police de sa section.

« Art. 3. — Il n'est permis de recevoir et prendre à son service aucun domestique non pourvu d'un livret régulier. Ce livret restera entre les mains du maître.

« Art. 4. — Le maître de chez lequel sortira un domestique ne pourra, sous aucun prétexte, retenir le livret.

« Il sera tenu de le porter ou de le faire remettre, revêtu de son visa, le jour même de la sortie, au commissaire de police de sa section. Il y insérera simplement le jour de l'entrée et le jour de la sortie, sans pouvoir y exprimer aucune mention de blâme ou de satisfaction. Dans le cas où il aurait à formuler des plaintes ou des observations sur la conduite du domestique sortant, il les adressera séparément au commissaire de police à qui sera transmis le livret. En cas de difficulté sur la remise ou le visa du livret, le commissaire de police prêtera son concours, s'il en est requis, et statuera provisoirement.

« Art. 5. — Le domestique sortant sera tenu de se présenter dans les quarante-huit heures au bureau de police où aura été adressé le livret, et d'y faire connaître s'il veut continuer à servir, à peine d'un emprisonnement qui ne pourra excéder 4 jours, ni être moindre de 24 heures.

« Le livret lui sera rendu visé par le commissaire de police. (Art. 4 du décret de 1810.)

« Art. 6. — Les obligations imposées aux maîtres pourront être remplies par les intendants des maisons où il y en a d'établis.

« Art. 7. — Outre les pénalités ci-dessus rappelées, les domestiques qui ne se conformeront pas aux dispositions de la présente ordonnance pourront, suivant les circonstances, être expulsés du département de la Seine, conformément à la loi du 9 juillet 1852.

« Art. 8. — Les commissaires de police, le chef de la police municipale et tous les agents de la préfecture sont chargés, chacun en ce qui le concerne, de l'exécution de la présente ordonnance. »

EXTRAIT DU CODE PÉNAL.

Coalitions ; règlements des manufactures ; secrets de fabrique.

« Art. 414. Sera puni d'un emprisonnement de 6 jours à 3 mois, et d'une amende de 16 fr. à 3,000 fr. : — 1° toute coalition entre ceux qui font travailler des ouvriers, tendant à forcer l'abaissement des salaires, s'il y a eu tentative ou commencement d'exécution ; — 2° toute coalition de la part des ouvriers pour faire cesser en même temps de travailler, interdire le travail dans un atelier, empêcher de s'y rendre avant ou après certaines heures, et, en général, pour suspendre, empêcher, enchérir les travaux, s'il y a eu tentative ou commencement d'exécution. — Dans les cas prévus par les deux paragraphes précédents, les chefs ou moteurs seront punis d'un emprisonnement de 2 à 5 ans. » (Loi du 27 novembre 1849.)

« Art. 415. Seront aussi punis des peines portées

dans l'article précédent, et d'après les mêmes distinctions, les directeurs d'atelier ou entrepreneurs d'ouvrage et les ouvriers qui, de concert, auront prononcé des amendes autres que celles qui ont pour objet la discipline intérieure de l'atelier, des défenses, des interdictions, ou toutes proscriptions sous le nom de *damnations* ou sous quelque qualification que ce puisse être, soit de la part des directeurs d'atelier ou entrepreneurs contre les ouvriers, soit de la part de ceux-ci contre les directeurs d'atelier ou entrepreneurs, soit les uns contre les autres. » (Loi du 27 novembre 1849.)

« Art. 416. Dans les cas prévus par les deux articles précédents, les chefs ou moteurs pourront, après l'expiration de leur peine, être mis sous la surveillance de la haute police pendant 2 ans au moins et 5 ans au plus. » (Même loi.)

« Art. 417. Quiconque, dans la vue de nuire à l'industrie française, aura fait passer en pays étranger, des directeurs, commis ou des ouvriers d'un établissement, sera puni d'un emprisonnement de 6 mois à 2 ans, et d'une amende de 50 fr. à 300 fr.

« Art. 418. Tout directeur, commis, ouvrier de fabrique, qui aura communiqué à des étrangers ou à des Français résidant en pays étranger, des secrets de la fabrique où il est employé, sera puni de la réclusion et d'une amende de 500 fr. à 20,000 fr. — Si ces secrets ont été communiqués à des Français résidant en France, la peine sera d'un emprisonnement de 3 mois à 2 ans, et d'une amende de 16 fr. à 200 fr. »

CAISSE DES RETRAITES

POUR LA VIEILLESSE.

Placement des économies en rentes viagères.

A côté des caisses d'épargne, il manquait une institution qui répondît plus largement aux besoins des classes laborieuses et assurât au travailleur économe la modeste perspective d'une vieillesse indépendante de la charité publique.

Il a donc été créé, par la loi du 18 juin 1850, et sous la garantie de l'État, une caisse de retraites ou rentes viagères pour la vieillesse.

Cette caisse est gérée par l'administration de la caisse des dépôts et consignations ; les versements qu'on y fait doivent être de 5 fr. au moins, et sans fraction de franc.

Les sommes versées dans l'intervalle d'une année au compte de la même personne ne peuvent excéder 2,000 fr.

Il est remis à chaque déposant un livret sur lequel sont inscrits les versements par lui effectués et les rentes viagères correspondantes. Pour évaluer ces rentes, on tient compte, pour chaque versement, soit de l'intérêt composé du capital à raison de 4 1/2 p. 0/0 par an (1); soit des chances de mortalité en raison de l'âge du déposant et de celui auquel commence la retraite; soit enfin du remboursement du capital, au décès du déposant, si celui-ci en fait la demande au moment du versement.

Les versements peuvent être faits au profit de toute personne âgée de plus de trois ans. — Les versements opérés par les mineurs âgés de moins de dix-huit ans doivent être autorisés par leur père, mère ou tuteur. — Le versement opéré antérieurement au mariage reste propre à celui qui l'a fait. — Le versement fait pendant le mariage par l'un des deux époux profite séparément à chacun d'eux pour moitié, à moins qu'il n'y ait entre eux séparation de corps ou de biens. — En cas d'absence ou d'éloignement d'un des deux époux depuis plus d'une année, le juge de paix peut,

(1) L'intérêt a été réduit à ce taux par la loi des 28 mai-1er juin 1853.

suivant les circonstances, accorder l'autorisation de faire des versements au profit exclusif du déposant ; sa décision peut être frappée d'appel devant la chambre du conseil.

Les versements peuvent être faits, soit directement par les déposants, soit pour leur compte par les caisses d'épargne, les sociétés de secours mutuels et autres intermédiaires.

Il ne peut être inscrit sur la même tête une rente viagère supérieure à 600 fr. — *Ces rentes sont incessibles et insaisissables* jusqu'à concurrence seulement de 360 fr. — Les arrérages en sont payés par trimestre.

L'entrée en jouissance de la pension est fixée, au choix des déposants, à partir de chaque année d'âge accomplie depuis cinquante ans. — Dans le cas cependant de blessures graves et d'infirmités prématurées, régulièrement constatées, entraînant incapacité absolu de travail, la pension peut être liquidée même avant cinquante ans, et en proportion des versements faits avant cette époque.

Le versement doit précéder de deux années au moins l'époque fixée pour l'entrée en jouissance de la rente. Sont comprises néanmoins dans la liquidation de la rente les sommes versées dans les deux années qui précèdent immédiatement, pourvu qu'elles n'excèdent pas le cinquième du total des versements.

Toute somme versée irrégulièrement est remboursée sans intérêt par la caisse.

Le déposant qui a stipulé le remboursement de son capital a la faculté, lors de l'époque fixée pour l'entrée en jouissance de la rente, de faire l'abandon de tout ou partie de ce capital pour obtenir une augmentation de rente.

Enfin, les certificats, actes de notoriété et autres pièces exclusivement relatives à l'exécution des lois sur la caisse des retraites sont délivrés gratuitement, et dispensés des droits de timbre et d'enregistrement.

Vague en quelques-uns de ses points, la loi du 18 juin sur la caisse des retraites, trop jeune encore pour avoir une jurisprudence, présente certaines difficultés d'interprétation. Je pourrais même ajouter qu'elle ne jouit pas d'une mise en pratique uniforme et invariable chez les magistrats chargés de l'appliquer dans plusieurs de ses dispositions. Ces motifs m'ont décidé à en ajourner provisoirement le commentaire, auquel je me propose de joindre tous les calculs nécessaires pour en faciliter l'intelligence.

CITÉS OUVRIÈRES.

Par décrets des 22 janvier et 20 mars 1852, le gouvernement a affecté une somme de dix millions à l'amélioration des logements des ouvriers dans les grandes villes manufacturières. Cette idée philanthropique, jointe à la promesse d'une subvention de la part du gouvernement, a fait naître en France, et notamment à Paris, à Mulhouse, à Marseille, à Lille, etc., un certain nombre de compagnies ayant pour but de procurer aux ouvriers, mariés ou célibataires, le logement et la vie à bon marché. Les conditions spéciales et les opérations des diverses compagnies fondées jusqu'à ce jour se trouvent résumées dans un rapport du ministre de l'intérieur, du 5 avril 1854, et un article du *Moniteur*, du 27 du même mois. Ces entreprises n'étant encore qu'à leur naissance, je me réserve de donner plus tard des indications détaillées sur leurs avantages respectifs et l'accueil qu'elles obtiendront dans les différentes villes de France.

ASSISTANCE JUDICIAIRE.

Paralysée dans la poursuite ou la défense de ses droits, la classe la plus intéressante des citoyens reculait épouvantée devant l'énormité de nos frais de justice. Le gouvernement, par la loi du 22 janvier 1851, a apporté un premier remède à cet état de choses, et, aujourd'hui, le Trésor public, pour faciliter l'accès des tribunaux aux plaideurs indigents, leur offre, sous le nom d'assistance judiciaire, un crédit subordonné à certaines conditions que je vais faire connaître.

Formalités à remplir pour obtenir l'assistance judiciaire.

L'admission à l'assistance judiciaire devant les tribunaux civils, les tribunaux de commerce et les juges de paix, est prononcée par un bureau spécial établi au chef-lieu judiciaire de chaque arrondissement.

Quiconque demande à être admis à l'assistance judiciaire doit fournir : — 1° un extrait du rôle de ses contributions, ou un certificat du percepteur de son domicile, constatant qu'il n'est pas imposé; — 2° une déclaration attestant qu'il est, à raison de son indigence, dans l'impossibilité d'exercer ses droits en justice, et contenant l'énumération détaillée de ses moyens d'existence, quels qu'ils soient. — Le réclamant affirme la sincérité de sa déclaration devant le maire de la commune de son domicile; le maire lui en donne acte au bas de sa déclaration.

Le réclamant adresse sa demande sur papier libre, ainsi que les pièces à l'appui, au procureur impérial du tribunal de son domicile. Ce magistrat en fait la remise au bureau d'assistance établi près de ce tribunal.

Le bureau prend toutes les informations nécessaires pour s'éclairer sur l'indigence du demandeur. — Il donne avis à la partie adverse qu'elle peut se présenter devant lui, soit pour contester l'indigence, soit pour fournir des explications sur le fond de l'affaire. — Si elle comparait, le bureau emploie ses bons offices pour opérer un arrangement amiable.

Les décisions du bureau ne contiennent que

l'exposé sommaire des faits et des moyens, et la déclaration pure et simple que l'assistance est accordée, ou refusée, sans exprimer de motifs. — Ces décisions ne sont susceptibles d'aucun recours de la part du réclamant; elles ne peuvent, en général, être communiquées qu'au procureur impérial, à la personne qui a demandé l'assistance, et à ses conseils, le tout sans déplacement.

Il est à regretter que le bienfait de l'assistance judiciaire disparaisse souvent (surtout à Paris) devant la lenteur que les bureaux mettent à le dispenser.

Effets de l'assistance.

L'assisté est dispensé provisoirement du payement des sommes dues au Trésor pour droits de timbre, d'enregistrement et de greffe, ainsi que de toute consignation d'amende. — Il est aussi dispensé provisoirement du payement des sommes dues aux greffiers, aux officiers ministériels et aux avocats, pour droits, émoluments et honoraires. — Les actes de la procédure faite à la requête de l'assisté sont visés pour timbre et enregistrés en débet.

Les frais de transport des juges, des officiers ministériels et des experts, les honoraires de ces derniers et les taxes des témoins dont l'audition a été autorisée par le tribunal ou le juge commissaire, sont avancés par le Trésor.

Les notaires, greffiers et tous autres dépositaires publics ne sont tenus à la délivrance gratuite des actes et expéditions réclamés par l'assisté que sur une ordonnance du juge de paix ou du président.

Si, après le jugement de l'affaire, l'assisté émet un appel principal ou un pourvoi en cassation, il ne peut, sur cet appel ou sur ce pourvoi, jouir de l'assistance qu'autant qu'il y est admis par une décision nouvelle. Pour y parvenir, il doit adresser sa demande, savoir : — s'il s'agit d'un appel à porter devant le tribunal civil, au procureur impérial près ce tribunal ; — s'il s'agit d'un appel à porter devant la cour d'appel, au procureur général près cette cour ; — s'il s'agit d'un pourvoi en cassation, au procureur général près la cour de cassation. — Le magistrat auquel la demande est adressée en fait la remise au bureau compétent.

Retrait de l'assistance.

Le bénéfice de l'assistance peut toujours être retiré à celui qui l'a obtenu, soit avant, soit même après le jugement, 1° s'il lui survient des ressources reconnues suffisantes; 2° s'il a surpris la décision du bureau par une déclaration frauduleuse; et, dans ce dernier cas, il peut même être traduit devant le tribunal de police correctionnelle.

Le retrait de l'assistance judiciaire a pour effet de rendre immédiatement exigibles les droits, honoraires, émoluments et avances de toute nature dont l'assisté avait été dispensé; il doit être motivé et ne peut être prononcé qu'après que l'assisté a été entendu ou mis en demeure de fournir ses explications.

FIN.

TABLE DES MATIÈRES

DU LOUAGE D'OUVRAGE.

DE L'APPRENTISSAGE

DU CONSEIL DES PRUD'HOMMES,

DU LIVRET DES OUVRIERS.

PARIS. — IMP. SIMON RAÇON ET COMP., RUE D'ERFURTH, 1.

www.ingramcontent.com/pod-product-compliance
Ingram Content Group UK Ltd.
Pitfield, Milton Keynes, MK11 3LW, UK
UKHW031949260826
14628UKWH00004B/1946

9 782019 128760